...rs to Keep

...drawn/ABCL

Explorar los recursos del planeta

Usar el agua

Sharon Katz Cooper

Heinemann Library
Chicago, Illinois

© 2007 Heinemann
Published by Heinemann,
a division of Reed Elsevier Inc.
Chicago, Illinois

Customer Service   888–363–4266

Visit our website at www.heinemannraintree.com

Translation into Spanish by DoubleO Publishing Services
Designed by Michelle Lisseter
Printed and bound in China, by South China Printing Company

11 10 09 08 07
10 9 8 7 6 5 4 3 2 1

Library of Congress Cataloging-in-Publication Data

Katz Cooper, Sharon.
  [Using water. Spanish]
  Usar el agua / Sharon Katz Cooper.
     p. cm. -- (Explorar los recursos del planeta)
  Includes index.
  ISBN 1-4329-0244-X (lib. bdg.) -- ISBN 1-4329-0252-0 (pb)
  1. Water--Juvenile literature. I. Title.
  GB662.3.K3818 2007
  553.7--dc22
                                             2007010809

Acknowledgments
The publishers would like to thank the following for permission to reproduce photographs: Alamy pp. **11** (Juniors Bildarchly), **19** (Nature Picture Library); Brand X Pictures p. **8** (Morey Midbradt); Corbis pp. **4** (NASA), **5** (Reuters/Vladimir Pirogov), **9** (Michael Pole), **12**, **13** (Kevin Fleming), **21** (Royalty Free); Digital Vision p. **7** (Robert Harding/Jim Reed); Getty Images pp. **6** (Stone/Robin Smith), **14**, **15** (Akira Kaede), **16** (Photonica), **18** (David Sacks); Harcourt Education Ltd pp. **22** top and bottom (Tudor Photography); Masterfile p. **17** (Gary Rhijnsburger); Photolibrary p. **10** (Botanica); Rex-Features p. **20**.

Cover photograph reproduced with permission of Jupiter (Banana Stock).

Contenido

Algunas palabras aparecen en negrita, **como éstas**. Las encontrarás en el glosario que aparece en la página 23.

¿Por qué es importante el agua?

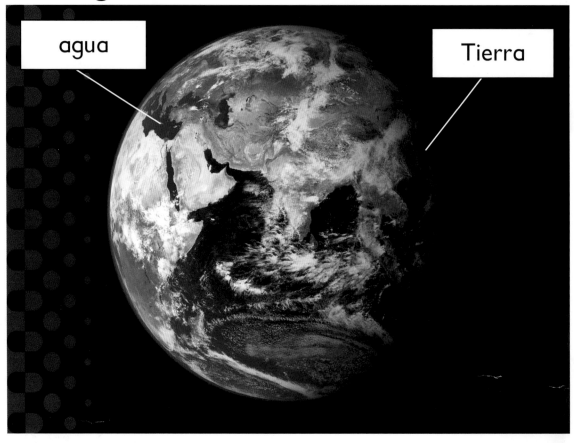

agua

Tierra

La mayor parte de la superficie de la Tierra está cubierta de agua.

Usamos el agua para casi todo lo que hacemos.

El agua es un **recurso natural**.

Los recursos naturales vienen de
la Tierra.

¿De dónde viene nuestra agua?

Obtenemos agua de los océanos, los ríos y los lagos.

También se encuentra bajo tierra.

El agua siempre está en movimiento. Viaja por el cielo en forma de nubes.

Cae sobre la tierra en forma de lluvia y nieve.

El agua se mueve por toda la superficie
de la Tierra.

Fluye por las laderas de colinas
y montañas.

El agua fluye en corrientes por arroyos y ríos.
Fluye hasta el mar.

El calor del Sol la tranforma en nubes de nuevo.

¿Cómo usamos el agua?

Las plantas, los animales y los humanos necesitamos agua para vivir.

Las plantas la necesitan para producir alimento.

Los animales y los humanos necesitamos beber agua.

Usamos el agua para cultivar plantas
como alimento.

También obtenemos muchos de nuestros alimentos de los océanos y los ríos.

El agua nos ayuda a desplazarnos
de un lugar a otro.

Muchas de las cosas que usamos
todos los días nos llegan por barco.

Usamos el agua para obtener **energía**.

Las **represas** construidas en grandes
ríos producen electricidad. Usamos
la electricidad para hacer que las
luces y otras máquinas funcionen.

Usamos el agua en la casa.

Necesitamos agua para cocinar
y limpiar.

También usamos el agua
para divertirnos.

Pasamos tiempo a bordo de barcos
y vamos a nadar.

¿Podemos quedarnos sin agua?

La mayor parte del agua de la Tierra está en el mar. El agua de mar es salada.

No podemos usarla para beber o para cultivar plantas. Necesitamos agua dulce.

Algunas partes de la Tierra no tienen mucha
agua dulce.

Sin agua, las personas no pueden cocinar,
limpiar o beber.

19

Allgunas grandes ciudades almacenan agua en **embalses**.

Si un embalse comienza a secarse, debemos tratar de usar menos agua.

Podemos cerrar los grifos cuando
no los estamos usando.

Podemos tomar duchas rápidas en lugar
de baños. Esto consumirá menos agua.

¡El ciclo del agua en una bolsa!

¿Quiéres ver cómo se mueve el agua de un lugar a otro? En esta actividad lo puedes descubrir.

1. Llena un vaso plástico con agua.

2. Colócalo en una bolsa plástica con cierre.

3. Asegúrate de que la bolsa esté bien cerrada.

4. Usa cinta adhesiva para pegar la bolsa a una ventana en un sitio soleado. Mantén el vaso en posición vertical.

5. Observa lo que sucede cada día. ¿Qué ves?

Nota: El agua se **evapora** del vaso. Esto significa que el calor del Sol hace que el agua se transforme de líquido a gas.

Glosario

 **represa** muro que retiene agua

 **energía** algo que da potencia

 **evaporar** cambiar de líquido a gas

 **recurso natural** material de la Tierra que podemos usar

 **embalse** gran piscina para almacenar agua

Índice